Das Waffelbuch

Lilo Hagen

Die besten Rezepte, süß und pikant

Hölker Verlag

Dieses Büchlein ist der Grundschullehrerin
Friedel Zickgraf gewidmet, die in den Herzen
zahlreicher Schülergenerationen des Dahner Felsenlandes
weiterleben wird.

An dieser Stelle möchte ich mich außerdem bei allen genannten
und ungenannten Personen bedanken, die ihr Lieblingsrezept
zu diesem Buch beigesteuert haben.

Dank auch an die Mitarbeiter der Konditorei Walbaum in Münster
für die Anfertigung des Titelschriftzugs in Buttercreme.

10 9 8 7
ISBN 978-3-88117-612-5

Gestaltung: Christiane Leesker, Nina Benjamins
Redaktion: Christiane Leesker

Printed in China

Inhalt

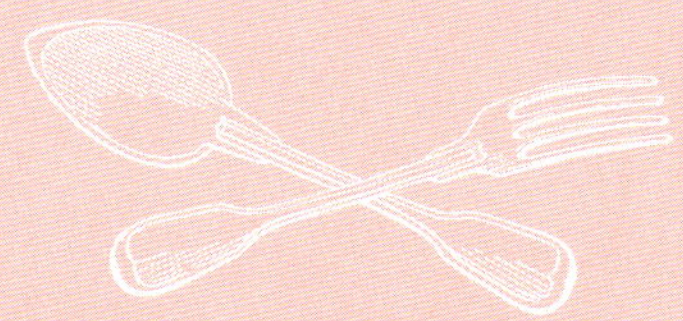

Vorwort

Waffeln entstehen
wie Ideen

Festes geht aus der Form
aufgebrochen
aufgeschlagen
herausgeschält
zerrieben
verrührt mit einer Prise Persönlichkeit
geht durchs Feuer
gewinnt – sich festigend – neue Form

Waffeln entstehen
wie Ideen

Dies schrieb mir unser lieber Freund Prof. Dr. Horst Seibert für das Vorwort meines Waffelbüchleins. Begonnen hat alles mit dem Schulfest meiner kleinen Tochter, für das ich mit der von ihr und ihren Mitschülern so heiß geliebten Lehrerin Friedel Zickgraf nach einer besonderen Attraktion suchte. So entstand eine kleine Rezeptsammlung für süße und pikante Waffeln. Es sprach sich herum, dass ich auf der Suche nach außergewöhnlichen Waffelrezepten

war. Freunde und Bekannte schickten mir ihre Lieblingsrezepte, und um das Büchlein noch interessanter zu gestalten, bat ich auch verschiedene regionale Persönlichkeiten um Rezepte. Alle sagten ja. Mutig geworden schrieb ich auch an den Ministerpräsidenten des Landes Rheinland-Pfalz und bat selbst den damaligen Bundeskanzler und den Bundespräsidenten um ein Waffelrezept. Keiner der Herrschaften ließ meine Anfrage unbeantwortet.
Viele Rezepte erhielt ich auch von Freunden aus dem Siegerland, wo ich aufgewachsen bin. Hier in der Pfalz wie dort spielt die Kartoffel eine hervorragende Rolle auf dem Speiseplan. Was dem Pfälzer seine „Grumbeer", ist dem Siegerländer seine „Duffel". Auch Waffeln backt man hier wie dort mit Vorliebe, und so ist es kein Wunder, dass Waffelrezepte mit Kartoffeln aus beiden Regionen in der Rezeptsammlung zu finden sind.

Während der Entstehung des Waffelbüchleins erkannte ich die Vorteile der pikanten Waffeln, denn Pizzawaffeln mit frischem gemischtem Salat als Beilage, Spinatwaffeln mit Knoblauchcreme (Rezept S. 56) oder Kartoffel-Lauch-Waffeln (Rezept S. 61) sind schnell zubereitet und stellen für Kinder – und nicht nur für sie – eine prächtige, vollwertige und dazu noch preiswerte Mahlzeit dar, von der selbst absolute Spaghetti- und Pommes-frites-Fans begeistert sind.

Viel Spaß beim Backen und Verzehren wünscht

Lilo Hagen

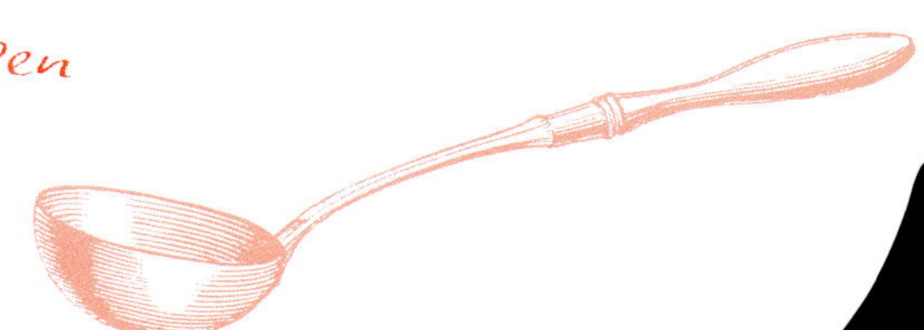

Kleine Waffelkunde

Die Kunst des Waffelbackens beherrschte man in den Niederlanden bereits um 1300. Wenig später war sie, und damit auch das Waffeleisen, entlang der gesamten Nordseeküste bekannt. Es dauerte nicht lange – davon zeugen alte Stiche – und die Waffel war als Neujahrsgebäck im ganzen mitteleuropäischen Raum verbreitet. Schon damals gab es eckige und runde Eisen. Letztere für die heute fast überall bekannte Waffel, die sich in fünf kleine Herzchen teilen lässt.

Bis weit in das 19. Jahrhundert hinein war die Herstellung von Waffeleisen Schmieden vorbehalten. Zu dieser Zeit gehörten sie bereits zur Grundausstattung bäuerlicher und bürgerlicher Haushalte. Die Eisen bestanden damals aus schweren gusseisernen Backen mit langen Stielen, an denen sie ins Herdfeuer gehalten wurden. Später, als die so genannten Kochmaschinen aufkamen, gab es Waffeleisen, die in die Kochstelle eingehängt wurden, nachdem man einige Ringe entfernt hatte. Es war eine Kunst, das Eisen so zu drehen, dass am Ende beide Seiten der Waffel gleichmäßig goldbraun gebacken waren. Auch das im süddeutschen Raum verbreitete Zimtwaffeleisen, mit dem sechs quadratische Waffeln gleichzeitig gebacken werden, war schon Ende des 19. Jahrhunderts bekannt. Noch heute sind Zimtwaffeln dort von den Weihnachtstellern der Kinder nicht wegzudenken. Heute werden im Handel nicht nur die klassischen Waffeleisen angeboten, sondern auch Geräte mit Motiven wie Mickymaus oder Clowns. Dabei sind die modernen Eisen bei guter Pflege genauso unverwüstlich wie ihre gusseisernen Vorfahren.

Was Sie beim Waffelbacken beachten müssen:

- Alle Zutaten genau abwiegen. Ungenaue Mengen verändern das Backergebnis.
- Die Waffeln werden knuspriger, wenn man statt Milch lauwarmes Wasser verwendet. Milch macht die Waffeln feiner, aber auch weicher.
- Waffelteige sollten im Allgemeinen sofort gebacken werden, sonst quellen sie auf und kleben am Waffeleisen fest.
- Waffeleisen vor jedem Gebrauch gut reinigen, sonst kleben die Waffeln ebenfalls.
- Zum Einfetten kann man, wenn nichts anderes angegeben ist, Öl oder eine Speckschwarte verwenden.
- Das heiße Eisen schnell einpinseln, wenn Sie einen Backpinsel verwenden, sonst verbrennen die Borsten.
- Übrig gebliebene Waffeln kann man in einer gut schließenden Dose ca. 4 Tage aufbewahren. Sie sollten vor dem Verzehr kurz im Backofen aufgebacken werden.
- Wenn im Rezept keine andere Menge angegeben ist, backt man pro Waffel etwa 3 Esslöffel Teig.
- Erfahrungsgemäß macht es wenig Sinn, Backzeiten anzugeben, da Waffeleisen oft sehr eigenwillige Helfer sind. Selbst Eisen der gleichen Marke weisen nach längerem Gebrauch recht unterschiedliche Backergebnisse auf. Am besten backen Sie eine Probewaffel.

Die Rezepte sind für 4 Durchschnittsesser berechnet und können bei Bedarf verdoppelt oder verdreifacht werden.

Süße und fruchtige Waffeln

Spezialität des Konditormeisters Gustav Hagen

Eine Hommage an meinen Urgroßvater, in dessen Unterlagen ich dieses Rezept gefunden habe. Zu seiner Zeit war das Waffelbacken noch richtige Arbeit, denn die gusseisernen Waffeleisen mussten über dem Feuer des Küchenofens immer wieder gedreht werden.

Man rühre 250 Gramm Butter zu Schaum, gebe 8 Eigelb und 8 Kochlöffel voll Mehl nach und nach dazu, mit ein wenig Salz und 64 Gramm Zucker, rührt das zu Schnee geschlagene Eiweiß und so viel süßen Rahm oder gute Milch dazu, dass es ein dicker Pfannkuchenteig ist. Dann bestreicht man das Waffeleisen mit Speck, schüttet den Teig hinein, backt die Waffeln goldgelb und bestreut sie mit Zucker.

Bergische Waffeln Anno 1878

In den alten Kochbüchern meiner Großmutter fand sich dieses Rezept, das trotz seines Alters nicht an Reiz verloren hat.

250 g weiche Butter, 4 EL Zucker, 8 Eier,
500 g Mehl, 1/2 l lauwarme Milch, 60 g frische Hefe,
in etwas Milch aufgelöst, 2 EL Arrak oder Rum,
3 Prisen Muskatblüte oder 1/2 TL abgeriebene
unbehandelte Zitronenschale, 4 EL Branntwein,
Fett für das Waffeleisen

Butter und Zucker schaumig rühren. Nacheinander Eier, Mehl, Milch, zerbröckelte Hefe, Rum und Gewürze zugeben. Den Teig schlagen, bis er Blasen wirft, dann den Branntwein unterrühren. Anschließend zugedeckt an einem warmen Ort 3–4 Stunden gehen lassen. Den Teig portionsweise im vorgeheizten und gefetteten Waffeleisen goldbraun backen.

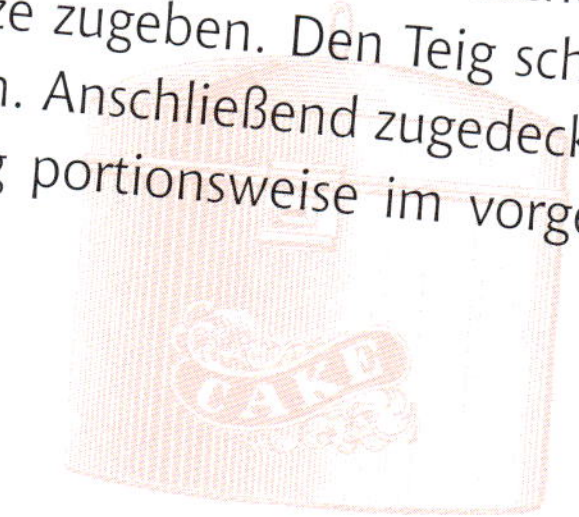

Zu Bergischen Waffeln reicht man heiße Sauerkirschen und Schlagsahne oder Milchreis mit Zimt und Zucker.

Butterwaffeln

Dieses Rezept ist unbezahlbar, da es sich gut für große Mengen erweitern lässt. Das Wichtigste dabei ist, bei großen und bei kleinen Mengen, dass man die dicke Schicht Puderzucker nicht vergisst.

250 g weiche Butter, 6 Eier, 4 EL Zucker,
2 Päckchen Vanillezucker, 500 g Mehl,
1 Päckchen Backpulver, 1/2 l lauwarmes Wasser,
Fett für das Waffeleisen, Puderzucker zum Bestäuben

Die Butter schaumig rühren. Die Eier trennen. Zucker, Vanillezucker und Eigelbe mit der Butter verquirlen. Mehl und Backpulver mischen, nach und nach unterrühren. Mit Wasser verdünnen. Die Eiweiße zu steifem Schnee schlagen und unterheben. Den Teig portionsweise im vorgeheizten und gefetteten Waffeleisen goldgelb backen. Die Waffeln dick mit Puderzucker bestäuben.

Guschtls Biskuitwaffeln

Ein schnelles und sehr leckeres Rezept, mit dem man sich bei unangemeldetem Besuch zur Kaffeestunde hervorragend aus der Verlegenheit helfen kann.

6 Eier, 6 EL Zucker, 6 EL Sahne, 6 EL Mehl,
1 Msp. Backpulver, 1 EL Rum,
Fett für das Waffeleisen

Die Eier mit Zucker und Sahne verquirlen. Mehl mit Backpulver mischen und unterrühren. Den Rum zufügen. Den Teig portionsweise im vorgeheizten und gefetteten Waffeleisen goldbraun backen.

Friedberts Eierwaffeln

Zu den Eierwaffeln schmeckt eine gut gekühlte Wein- oder Vanillesauce besonders gut.

65 g weiche Butter, 65 g Zucker,
5 Eier, 150 g Mehl, 2 EL saure Sahne,
6 EL Weißwein, Fett für das Waffeleisen,
Puderzucker zum Bestäuben

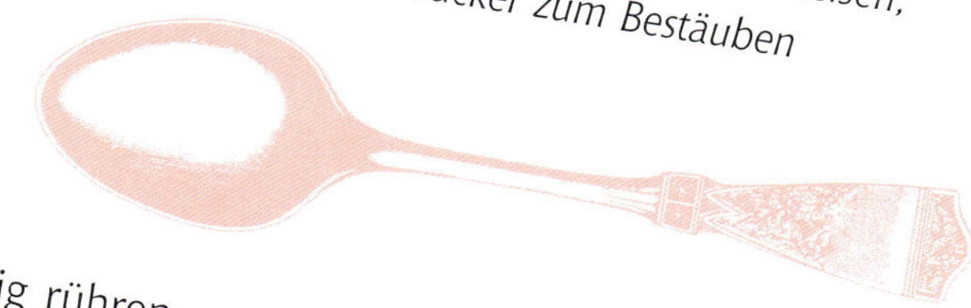

Die Butter sahnig rühren, nach und nach den Zucker dazugeben. Die Eier trennen. Eigelbe zugeben und schaumig rühren. Das Mehl abwechselnd mit saurer Sahne und Weißwein unterarbeiten, zuletzt die steif geschlagenen Eiweiße unterziehen. Den Teig portionsweise im vorgeheizten und gefetteten Waffeleisen goldgelb backen. Die Waffeln mit Puderzucker bestäuben und warm servieren.

Hefewaffeln

Ein ganz konventionelles Rezept, das wohl schon zu Zeiten unserer Großmütter Verwendung fand. Man sollte Hefewaffeln frisch gebacken genießen.

375 g Mehl, 25 g Hefe, 1/2 l lauwarme Milch,
50 g Zucker, 125 g Butter,
1 Päckchen Vanillezucker,
4 Eier, 1 Prise Salz,
Fett für das Waffeleisen

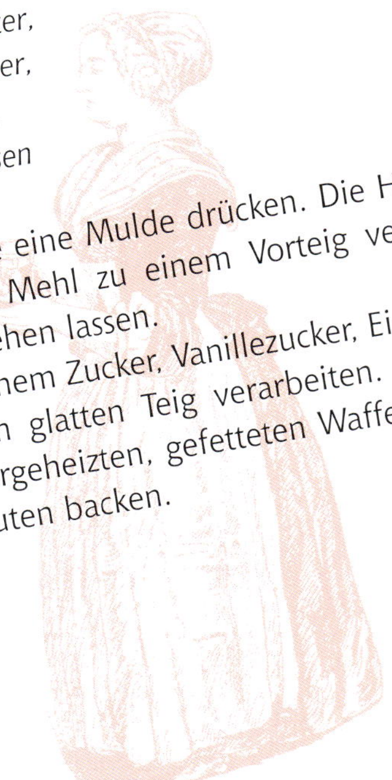

Das Mehl in eine Schüssel sieben und in die Mitte eine Mulde drücken. Die Hefe hineinbröckeln und mit wenig Milch, Zucker und Mehl zu einem Vorteig verrühren. An einem warmen Ort zugedeckt 10 Minuten gehen lassen. Inzwischen die Butter erwärmen, mit verbliebenem Zucker, Vanillezucker, Eiern und Salz zum Vorteig geben und alles zu einem glatten Teig verarbeiten. Diesen nochmals 20 Minuten gehen lassen. Im vorgeheizten, gefetteten Waffeleisen pro Waffel etwa 2 Esslöffel Teig 3–5 Minuten backen.

Ellis knusprige Vanillewaffeln

„Die Grumbeersupp ist für mich nur der Umweg zu Ellis Vanillewaffeln", kommentiert Ellis bessere Hälfte die Tatsache, dass im Hause Schehl diese Waffeln als Dessert nach einem guten Teller mit Zwiebeln abgeschmälzter Kartoffelsuppe serviert werden.

125 g weiche Butter,
60 g Zucker, 1 Päckchen Vanillezucker,
3 Eier, 200 g Mehl, 50 g Speisestärke,
2 gestr. TL Backpulver, etwa 1/4 l Milch,
Fett für das Waffeleisen,
Puder- und Vanillezucker zum Bestäuben

Die Butter mit Zucker, Vanillezucker und Eiern schaumig schlagen. Mehl, Speisestärke und Backpulver mischen und nach und nach unterrühren. Zum Schluss die Milch einrühren. Das Waffeleisen vorheizen, fetten und den Teig portionsweise goldbraun backen. Die Waffeln mit einer Mischung aus Puderzucker und Vanillezucker bestäuben.

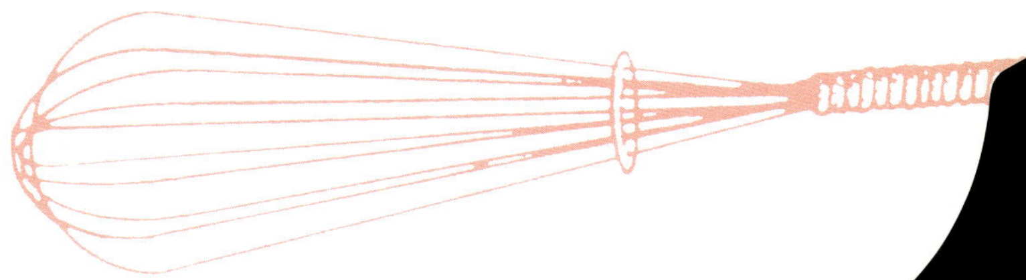

Waise Waffeln
(Weizenmehlwaffeln)

Die Weizenmehlwaffeln stammen aus dem Siegerland, wo sie noch heute nach uraltem Rezept gebacken werden.

4 Eier, 125 g weiche Butter, 125 g Zucker,
125 g Puderzucker, 1 Päckchen Vanillezucker,
250 g Mehl, 1/2 TL Backpulver, 1/4 l Milch,
1 Prise Salz, Fett für das Waffeleisen, Puderzucker zum
Bestäuben oder Butter zum Bestreichen

Die Eier trennen. Butter, Zucker, Puderzucker, Vanillezucker und Eigelbe schaumig schlagen. Mehl mit Backpulver mischen und nach und nach abwechselnd mit der Milch unter den Teig rühren. Die Eiweiße mit dem Salz zu steifem Schnee schlagen und unterheben. Das Waffeleisen vorheizen, einfetten und jeweils 2–3 Esslöffel Teig zu goldbraunen Waffeln backen. Anschließend mit Puderzucker bestäuben oder mit Butter bestreichen.

Ministerpräsidentenwaffeln

„Die Waffeln schmecken frisch am besten“, kommentierte Ministerpräsident Kurt Beck das Rezept, das er und seine Frau für das Waffelbüchlein zur Verfügung stellten.

150 g weiche Butter, 125 g Zucker,
1 Päckchen Vanillezucker, 3 Eier,
abgeriebene Schale von 1/2 unbehandelten Zitrone,
150 g Mehl, evtl. Milch,
Eierlikör oder Rum,
Fett für das Waffeleisen,
Puderzucker zum Bestäuben

Die Butter in einer Schüssel sahnig rühren. Nach und nach Zucker, Vanillezucker, Eier, Zitronenschale und Mehl einrühren. Bei Bedarf etwas Milch, Eierlikör oder Rum dazugeben. Den Teig portionsweise in das vorgeheizte und gefettete Waffeleisen streichen und goldgelb backen, noch heiß mit Puderzucker bestäuben.

Dekanatswaffeln

Seinen Namen verdankt dieses Rezept dem Mann, der es der Waffelsammlung beisteuerte.

250 g weiche Butter, 120 g Zucker,
1 Päckchen Vanillezucker, 5–6 Eier,
1/2 l lauwarme Milch, 1 TL Backpulver, 500 g Mehl,
Fett für das Waffeleisen

Butter, Zucker und Vanillezucker schaumig schlagen. Nach und nach die Eier dazugeben. Abwechselnd Milch und das mit Backpulver gemischte Mehl unterrühren. Den Teig portionsweise im vorgeheizten, gefetteten Waffeleisen goldbraun backen.

Schokoladenwaffeln

„Schokoladenwaffeln enthalten Glückshormone" meint Manfred Schreine, der Lieferant dieses Rezepts, und hält es also mit den Dichterfürsten Goethe, Schiller und Thomas Mann, die allesamt große Schokoladenliebhaber waren.

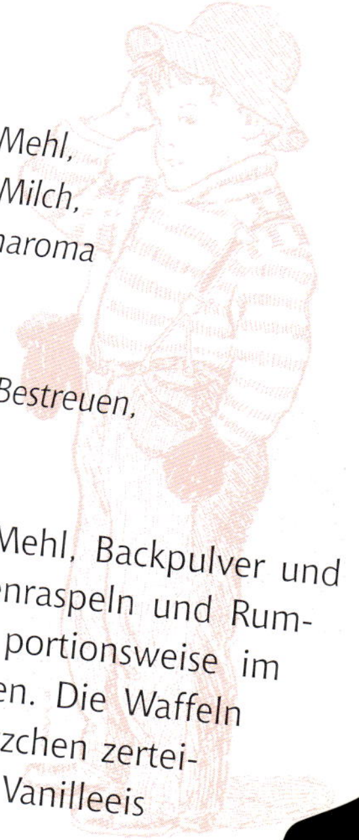

125 g weiche Butter, 4 EL Zucker,
Mark von 1 Vanilleschote, 4 Eier, 250 g Mehl,
1 Päckchen Backpulver, 2 EL Kakao, 1/4 l Milch,
100 g Schokoladenraspel, 1 Fläschchen Rumaroma

Außerdem:
Fett für das Waffeleisen, Schokoladenraspel zum Bestreuen,
Vanilleeis, Schlagsahne

Butter, Zucker, Vanillemark und Eier schaumig schlagen. Mehl, Backpulver und Kakao mischen und unterrühren. Mit Milch, Schokoladenraspeln und Rumaroma zu einem glatten Teig verarbeiten. Den Teig portionsweise im vorgeheizten, gefetteten Waffeleisen goldbraun backen. Die Waffeln auf einem Kuchengitter abkühlen lassen und in Herzchen zerteilen. Mit Schokoladenraspeln bestreuen und mit Vanilleeis und Schlagsahne servieren.

Pfälzer Rotweinwaffeln

Ein direkter Nachfahre des Ritters Franz von Sickingen, der einst die mächtige Burg Drachenfels bewohnte, empfahl ein Waffelrezept, das durch seine Zutaten als typisch pfälzisch identifiziert werden kann.

125 g weiche Butter, 100 g Zucker, 1 Päckchen Vanillezucker, 4 Eier, 1/4 l Pfälzer Rotwein, 250 g Mehl, 1 Päckchen Backpulver, 1 TL Zimt, 1 TL Kakao, 3 EL Schokoladenraspel, Fett für das Waffeleisen, Puderzucker oder Kakaopulver zum Bestäuben

Butter, Zucker und Vanillezucker schaumig schlagen, nach und nach die Eier und den Rotwein unterrühren. Das Mehl mit Backpulver, Zimt, Kakao und Schokoladenraspeln mischen und unter den Teig ziehen. Den Teig portionsweise im vorgeheizten, gefetteten Waffeleisen goldbraun backen. Mit Puderzucker (die, die es nicht so süß mögen, nehmen Kakaopulver) bestäuben.

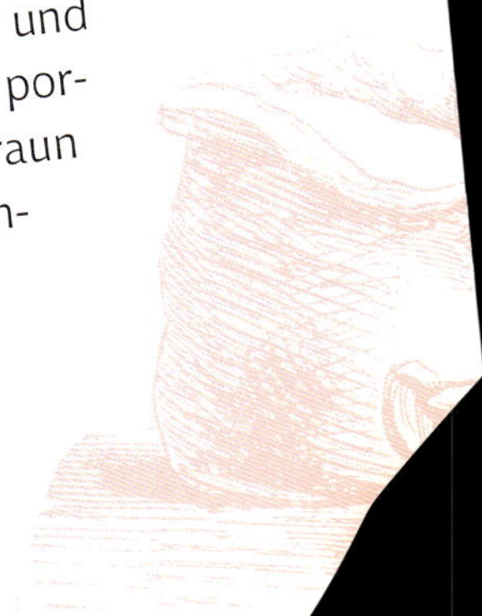

Buttermilchwaffeln

Für den Kindergeburtstag sind Buttermilchwaffeln genau das Richtige – dazu gibt es reichlich Sahne und für die Großen noch Eierlikör!

125 g weiche Butter, 50 g Zucker,
2 EL Vanillezucker, 1 Prise Salz, 4 Eier, 250 g Mehl,
1 TL Backpulver, 1/8–1/4 l Buttermilch,
Fett für das Waffeleisen

Butter, Zucker, Vanillezucker, Salz und Eier zusammen schaumig rühren. Mehl und Backpulver mischen, löffelweise unterziehen. Buttermilch zugeben, bis ein dünner Teig entstanden ist. Diesen portionsweise im vorgeheizten und gefetteten Waffeleisen zu goldgelben Waffeln backen.

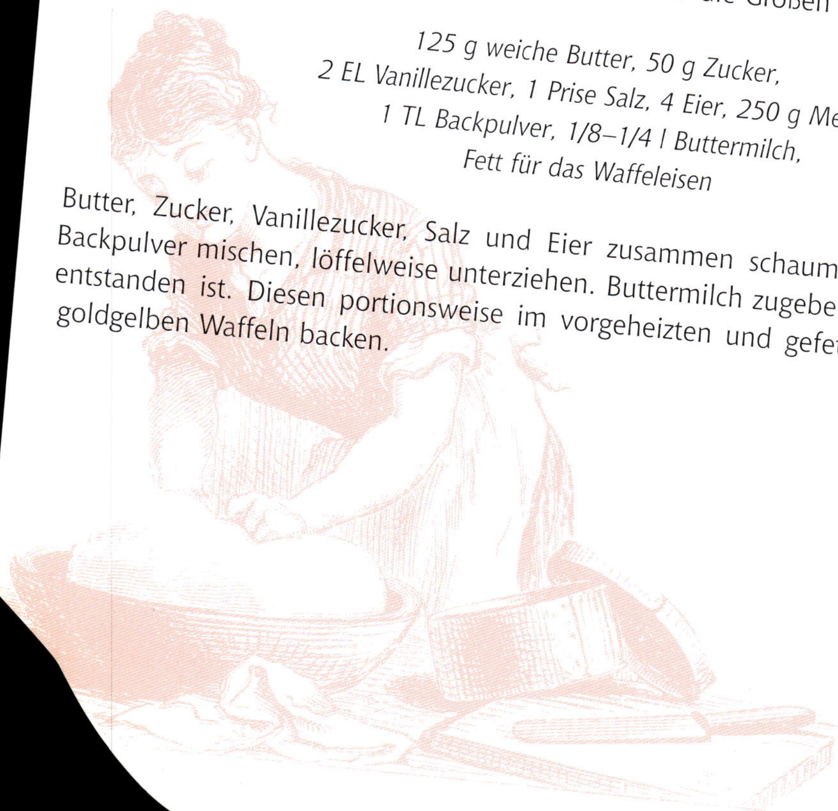

Sahnewaffeln

Dieses Rezept gehört wohl zu den ältesten bekannten Waffelrezepten, das früher kurz vor Beginn der Fastenzeit hervorgekramt wurde, um noch schnell alle Vorräte an Fett und Eiern aufzubrauchen. Die Zitronenschale ist erst viel später dazugekommen.

8 Eier, 250 g Mehl, 150 g Butter,
1/2 l heiße Sahne, 1 Prise Salz, 50 g Zucker,
abgeriebene Schale von 1 unbehandelten Zitrone,
Fett für das Waffeleisen

Die Eier schaumig schlagen, nach und nach das Mehl, die geschmolzene Butter und die heiße Sahne zugeben. Zum Schluss Salz, Zucker und Zitronenschale unterrühren. Den Teig portionsweise im vorgeheizten, gefetteten Waffeleisen goldbraun backen.

Schmandwaffeln aus Ostpreußen

Der rheinland-pfälzische Kirchenpräsident a. D., Werner Schramm, bekam dieses Rezept, bei dem keine Eier verwendet werden und das Waffeleisen nicht gefettet werden muss, von einer Pfarrfrau aus Ostpreußen geschenkt.

500 g Mehl, 500 g saure Sahne oder Schmand, etwas Salz, 3 EL Öl, 2 EL Zucker, evtl. Buttermilch oder lauwarmes Wasser

Das Mehl in eine Schüssel sieben, saure Sahne oder Schmand, Salz, Öl und Zucker zugeben. Alle Zutaten gut verrühren. Der Teig muss zähflüssig sein. Eventuell mit etwas Buttermilch oder Wasser verdünnen. Den Teig portionsweise im vorgeheizten Waffeleisen goldgelb backen.

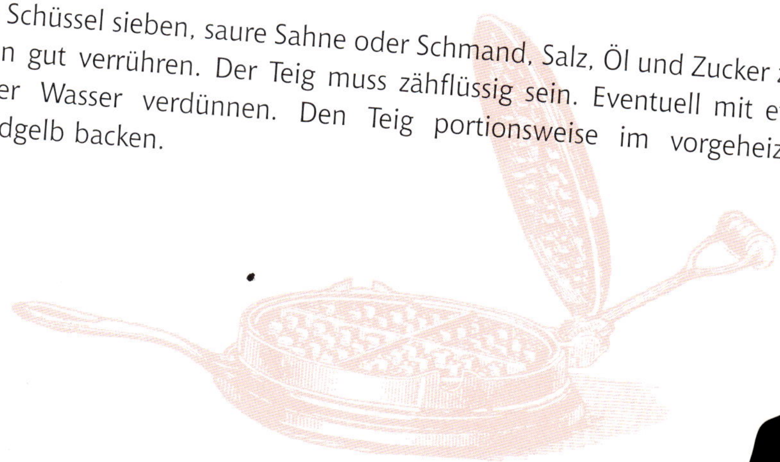

Quarkwaffeln

Quark ist unglaublich vielseitig und aus der guten Küche nicht wegzudenken. Was man alles mit ihm machen kann, zeigt sich auch in diesem Waffelrezept.

125 g weiche Butter, 50 g Zucker,
1 Päckchen Vanillezucker, 1 Prise Salz, 4 Eier,
100 g Mehl, 1 TL Backpulver, abgeriebene Schale von
1 unbehandelten Zitrone, 125 g Magerquark, etwas Milch,
Fett für das Waffeleisen

Butter, Zucker und Vanillezucker mit dem Salz schaumig schlagen. Die Eier dazugeben. Mehl, Backpulver und Zitronenschale mischen und unterrühren. Magerquark dazugeben und so viel Milch einrühren, dass ein glatter Teig entsteht. Den Teig portionsweise im vorgeheizten, gefetteten Waffeleisen goldbraun backen.

Zimtwaffeln à la Leonie

3–4 Eier, 175 g Zucker,
200 g weiche Butter, 250 g Mehl,
1/2 TL Backpulver, 1 TL Zimt, 1 Prise Salz,
1/8 l Sahne, Fett für das Waffeleisen

Eier trennen. Eigelbe mit Zucker und Butter schaumig schlagen, Mehl, Backpulver, Zimt, Salz und die Sahne unterrühren. Die Eiweiße zu steifem Schnee schlagen und unter den Teig heben, 1 Stunde kalt stellen. Im vorgeheizten und gefetteten Waffeleisen portionsweise backen.

Mandelwaffeln I

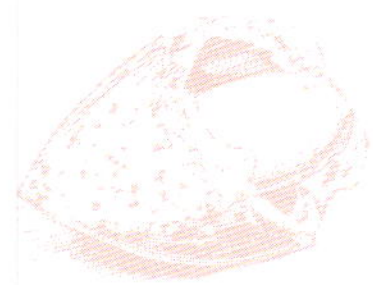

4 Eier, 100 g Zucker, 1/4 l Milch, 250 g Mehl,
50 g gemahlene Mandeln, 1 EL Rum,
etwas abgeriebene unbehandelte Zitronenschale,
Fett für das Waffeleisen

Eier, Zucker und Milch verquirlen. Mehl, Mandeln, Rum und Zitronenschale unterrühren. Teig portionsweise im vorgeheizten und gefetteten Waffeleisen goldgelb backen.

Mandelwaffeln II

Aus Großvaters privaten Backanleitungen stammt dieses sehr alte und sehr feine Rezept. Meine Großmutter, der ihr „Fünf-Uhr-Tee“ heilig war, pflegte sie bis ins hohe Alter einzig und alleine für diese, ihre blaue Stunde zu backen.

3 Eier, 200 g weiche Butter, 2 EL flüssiger Honig,
1/4 TL Vanillemark, 1 EL Rum, 150 g Mehl,
1 gestr. TL Backpulver, 75 g gemahlene Mandeln,
Butter für das Waffeleisen

Die Eier trennen. Die Butter schaumig rühren. Honig, Vanillemark, Eigelbe und Rum zugeben. Unter Rühren das Mehl mit dem Backpulver und den Mandeln zum Teig geben. 30 Minuten ruhen lassen. Dann die Eiweiße steif schlagen und unter den Teig ziehen. Im vorgeheizten, gefetteten Waffeleisen portionsweise goldbraune Waffeln backen und auf einem Kuchengitter abkühlen lassen.

Mandel-Rosinen-Waffeln

Wer hat hier Rosinen im Kopf? Rosinen sind in allen Wachstumsphasen eine gute Knochen-, Gehirn- und Fitnessnahrung.

125 g weiche Butter, 50 g Zucker, 3 Eier,
4 EL Milch, 50 g Rosinen, 50 g geschälte gemahlene
Mandeln, 70 g Mehl, 1 Prise Salz,
Fett für das Waffeleisen, Puderzucker zum Bestäuben,
Fruchtkompott nach Belieben

Butter, Zucker und Eier schaumig schlagen. Milch, Rosinen und Mandeln zugeben. Zum Schluss Mehl und Salz unterrühren. Den Teig portionsweise im vorgeheizten, gefetteten Waffeleisen goldbraun backen. Die fertigen Waffeln mit Puderzucker bestäuben und nach Belieben zusammen mit Kompott servieren.

Mandelwaffeln mit Rhabarbersahne

Ein Rezept von Dr. Heiner Geißler, der als Urgestein eines echten Pfälzers gilt, sollte in meiner Sammlung auf keinen Fall fehlen. Wochenlang telefonierte ich hinter ihm her, seine Sekretärin erkannte mich schon an der Stimme, wenn ich nur anrief – aber es hat sich gelohnt!

Für den Vanillerum:
2 Vanilleschoten, 1/8 l Rum

Für den Teig:
30 g Orangeat, 60 g süße und 8 bittere Mandeln, 60 g weiche Butter, 15 g Hefe, 1 EL lauwarmes Wasser, 1 Ei, 1 Eigelb, 100 g Honig, 2 EL Vanillerum, 200 g Mehl

Für die Rhabarbersahne:
450 g Rhabarber, 1/2 TL Agar-Agar (pflanzliches Geliermittel, Reformhaus), 100 g Honig, 2 TL Zitronensaft, abgeriebene Schale von 1/2 unbehandelten Zitrone, 150 ml Sahne

Außerdem:
Mehl zum Ausrollen,
Fett für das Waffeleisen

Für den Vanillerum 8 Tage vor der Verwendung die Vanilleschoten klein schneiden und in einem verschließbaren Gefäß mit dem Rum übergießen. Mindestens 8 Tage stehen lassen, dabei gelegentlich schütteln.
Für den Teig das Orangeat zusammen mit den Mandeln fein mahlen. Die Butter in einem Topf schmelzen und wieder abkühlen lassen. Die Hefe im Wasser auflösen. Ei, Eigelb, Honig und Butter verrühren. Vanillerum und Mandelmischung zugeben, aufgelöste Hefe und Mehl einarbeiten. Alles gut verrühren. Den Teig 2–3 Stunden im Kühlschrank ruhen lassen.
Inzwischen für die Rhabarbersahne Rhabarber waschen und ungeschält in ca. 2 Zentimeter lange Stücke schneiden. In einem Topf mit 4 Esslöffeln Wasser ca. 10 Minuten dünsten, bis der Rhabarber zu zerfallen beginnt. Das Agar-Agar in die kochende Masse rühren, abkühlen lassen. Honig, Zitronensaft und -schale dazugeben. Kalt stellen.
Vom Waffelteig etwa 1 1/2 Esslöffel abnehmen (den restlichen Teig immer wieder in den Kühlschrank stellen) und auf bemehlter Arbeitsfläche etwa 3 Millimeter dick ausrollen. In der Größe des Waffeleisens zurechtschneiden. Das Teigstück ins vorgeheizte und eingefettete Waffeleisen legen, die Griffe des Eisens kurz zusammendrücken. Die Waffel 3 Minuten ausbacken, danach auf einem Kuchengitter auskühlen lassen. Die Sahne steif schlagen, die Rhabarbermasse unterziehen. Waffeln in Herzchen teilen und mit der Rhabarbersahne servieren.

Lisas Apfelwaffeln

Dieses wundervolle Rezept für Apfelwaffeln ist ein Glück für alle Waffelliebhaber!

3 Eier, 3 EL flüssiger Honig, 200 g weiche Butter,
50 g gemahlene Haselnüsse oder Mandeln,
180 g Mehl, 1 gehäufter TL Backpulver,
1 Msp. Vanillemark, 1/2 TL Zimt, 250 g Äpfel,
Fett für das Waffeleisen

Eier mit Honig, Butter und Nüssen bzw. Mandeln verquirlen. Mehl, Backpulver, Vanillezucker und Zimt unterrühren. Den Teig 20 Minuten ruhen lassen. Inzwischen Äpfel schälen, vom Kerngehäuse befreien, grob raspeln und sofort unter den Teig mischen, damit sie nicht braun werden. Den Teig im vorgeheizten und gefetteten Waffeleisen portionsweise bei schwacher Hitze backen. Warm oder kalt servieren.

Heidelindes Apfelwaffeln

Frauen, die ihre Gedanken und Meinungen äußerten, wurden noch vor 100 Jahren als Blaustrümpfe beschimpft, die angeblich nicht kochen und backen konnten. Heidelinde kann nicht nur denken und kochen, sie backt auch die besten Apfelwaffeln der Welt.

4 Eier, 75 g Zucker, 250 g weiche Butter,
250 g Mehl, 1/4 l lauwarme Milch,
300 g Äpfel, 50 g gemahlene Haselnüsse,
1/2 TL Zimt, Fett für das Waffeleisen,
Zucker und Zimt zum Bestäuben

Die Eier mit Zucker und Butter schaumig rühren. Nach und nach das Mehl und die Milch unterrühren. Äpfel schälen, vom Kerngehäuse befreien und fein würfeln. Mit Nüssen und Zimt zum Teig geben. Portionsweise im vorgeheizten, gut gefetteten Eisen goldbraun backen. Die Waffeln mit Zucker und Zimt bestäuben.

Erdbeerwaffeln à la Morio

Die einfachsten Rezepte sind oft die besten, besonders, wenn solch köstliche Früchte wie Erdbeeren im Spiel sind. Man braucht den Mann, der dieses Rezept beisteuerte, nicht persönlich zu kennen, um zu wissen: Diese Waffeln sind „nix für Figurbewusste"!

Für den Teig:
60 g weiche Butter,
75 g Zucker, 2 Eier, 250 g Mehl,
1/2 Päckchen Backpulver, 1 Prise Salz,
ca. 100 ml Milch, etwas Zitronensaft

Außerdem:
Fett für das Waffeleisen, Puderzucker zum Bestäuben,
Schlagsahne, frische Erdbeeren

Für den Teig Butter, Zucker und Eier schaumig schlagen. Mehl, Backpulver und Salz mischen und abwechselnd mit der Milch einrühren. Zitronensaft zugeben. Das Waffeleisen vorheizen und gut einfetten. Den Teig portionsweise goldbraun backen. Die Waffeln mit Puderzucker bestäuben und mit frischer Schlagsahne (sofern es die Figur zulässt) und geputzten und halbierten Erdbeeren servieren.

Kirschwaffeln

Das Rezept stammt von der Uroma meiner Freundin Kathrin, die damit im Winter ihre Lieben zu verwöhnen wusste. Sauerkirschen gehörten damals zu den Früchten, die man mit Hilfe der neu entdeckten „Weckgläser" endlich für den Winter haltbar machen konnte.

125 g weiche Butter, 125 g Zucker, 3 Eier,
250 g Mehl, 1/8 l Milch, 200 g gut abgetropfte
Sauerkirschen (aus dem Glas), Fett für das Waffeleisen,
Puder- und Vanillezucker zum Bestäuben

Butter und Zucker schaumig schlagen. Nach und nach Eier, Mehl und Milch in den Teig rühren. Die gut abgetropften, evtl. noch ausgedrückten Sauerkirschen unter den Teig mischen. Das Waffeleisen vorheizen und einfetten. Portionsweise goldbraune Waffeln backen, herausnehmen und sofort mit einer Mischung aus Puderzucker und Vanillezucker bestäuben.

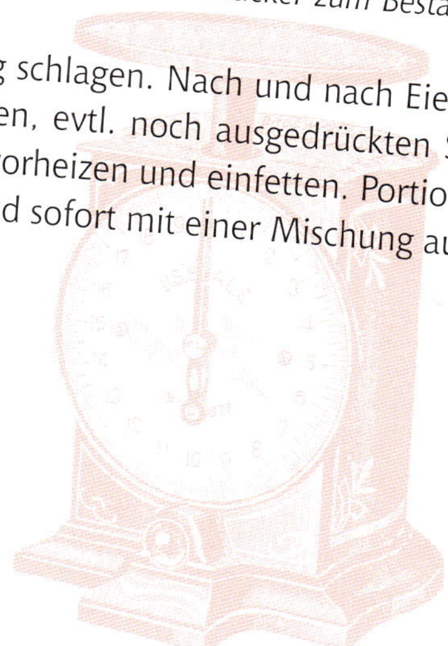

Schwarzwälder-Kirsch-Waffeln

Wenn man seine Gäste mit dieser nicht alltäglichen Waffelspezialität überrascht, wird man feststellen, dass diese Variante nicht nur Liebhaber der berühmten Torte in Begeisterung versetzt.

Für den Teig:
150 g weiche Butter, 120 g Zucker, 3 Eier, 100 g Mehl,
50 g Speisestärke, 1 TL Backpulver,
abgeriebene Schale von 1/2 unbehandelten Zitrone

Für die Füllung:
1 Glas Sauerkirschen, 1 Päckchen Vanillezucker,
1 Päckchen Vanillepuddingpulver, 50 ml Kirschwasser,
1/2 l Sahne

Außerdem:
Fett für das Waffeleisen, 100 g dunkle Kuvertüre,
Puderzucker zum Bestäuben

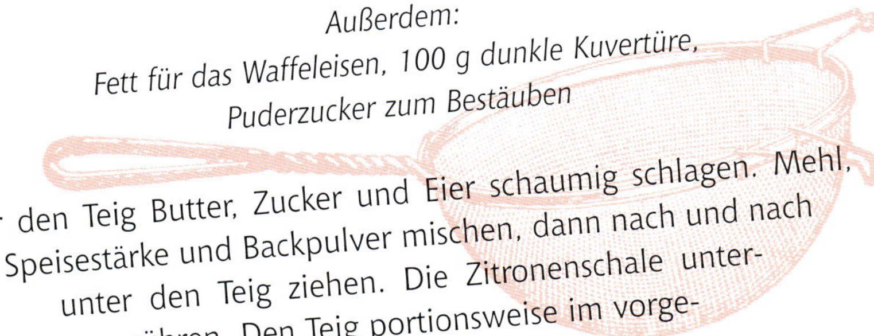

Für den Teig Butter, Zucker und Eier schaumig schlagen. Mehl, Speisestärke und Backpulver mischen, dann nach und nach unter den Teig ziehen. Die Zitronenschale unterrühren. Den Teig portionsweise im vorgeheizten, gefetteten Waffeleisen goldbraun backen. Die Waffeln auf einem Kuchengitter abkühlen lassen. Für die Füllung die Kirschen abgießen, vom Saft 350 Milliliter abmessen und in einem Topf zum Kochen bringen. Vanillezucker und Puddingpulver mit Kirschwasser anrühren, zum Saft geben, alles einmal aufkochen und dann abkühlen lassen. Die Sahne steif schlagen. Die Kuvertüre über dem heißen Wasserbad schmelzen, die Waffeln damit bestreichen. Auf eine Waffel je 2 Esslöffel Kirschcreme und Sahne geben. Mit einer zweiten Waffel abdecken und mit Puderzucker bestäuben.

Marzipanwaffeln mit Glühweinkirschen

Die Orientalen, die als Erfinder des Marzipans gelten können, lieben nicht nur zuckersüße kleine Köstlichkeiten, sondern auch wohlgeformte Frauen mit prächtigen Rubensfiguren. So kann sich die Orientalin etwas leisten, was sich die europäische Frau wegen ihrer „schlanken Linie“ schon lange verkneift: Naschen, was das Zeug hält!

Für den Teig:
250 g weiche Butter, 2 Päckchen Vanillezucker,
5 Eier, 1/2 l Milch, 1 1/2 TL Backpulver, 500 g Mehl,
200 g Marzipanrohmasse

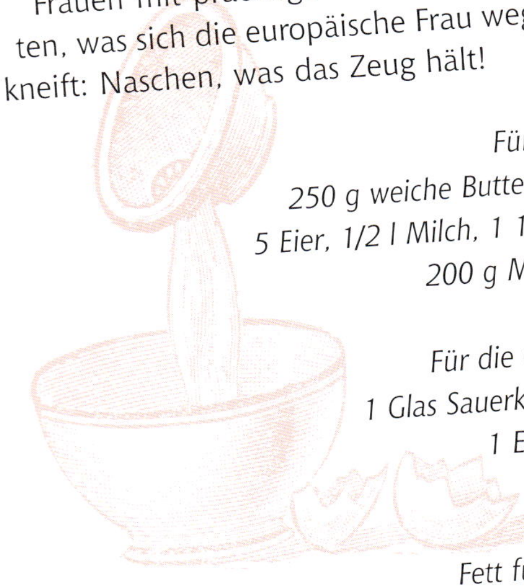

Für die Glühweinkirschen:
1 Glas Sauerkirschen, 1/2 l Glühwein,
1 EL Speisestärke

Außerdem:
Fett für das Waffeleisen

Für den Teig Butter und Vanillezucker schaumig schlagen. Nach und nach die Eier dazugeben. Abwechselnd Milch und das mit Backpulver gemischte Mehl unterrühren.

Das Marzipan zerkleinern und einarbeiten. Den Teig portionsweise im vorgeheizten, gefetteten Waffeleisen goldbraun backen. Die Waffeln warm halten. Für die Glühweinkirschen die Schattenmorellen abgießen. Den Glühwein erhitzen und mit der mit etwas Wasser angerührten Speisestärke binden. Die Kirschen zugeben und erhitzen. Die Glühweinkirschen zu den Waffeln servieren.

Orangenwaffeln

Die Orangenwaffeln sind eine herrliche Gaumenfreude beim gemütlichen Teestündchen. Allerdings sollte man den Tee ungesüßt dazu genießen.

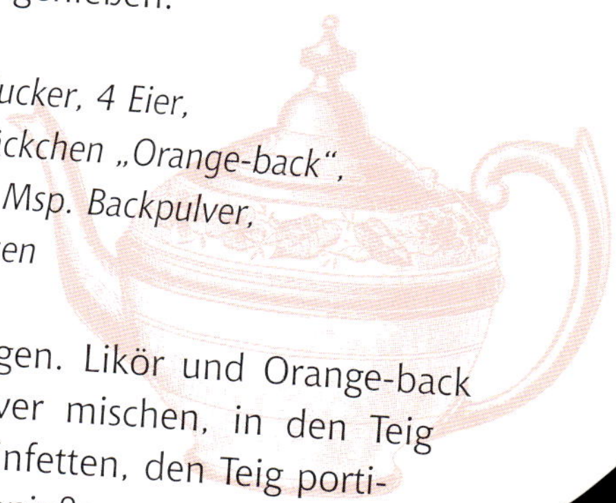

250 g weiche Butter, 200 g Zucker, 4 Eier,
5 EL Grand Marnier (Orangenlikör), 2 Päckchen „Orange-back“,
150 g Mehl, 150 g Speisestärke, 1 Msp. Backpulver,
Fett für das Waffeleisen

Butter mit Zucker und Eiern schaumig schlagen. Likör und Orange-back zufügen. Mehl, Speisestärke und Backpulver mischen, in den Teig rühren. Das Waffeleisen vorheizen und einfetten, den Teig portionsweise backen. Die Waffeln frisch genießen.

Dazu geschlagene Sahne und Orangenscheiben servieren.

Sarazenerwaffeln mit Früchten

Dieses Rezept brachten, der Sage nach, einst Ritter von einem Kreuzzug mit. Wir glauben es gerne, denn die Waffeln sind wie aus 1001 Nacht!

4 Eier, 1 Banane, 2 kleine Äpfel, 125 g weiche Butter, 100 g Zucker, 1/4 l Milch, 1 Päckchen Backpulver, 250 g Mehl, 2 EL Rosinen, 2 EL geröstete Mandelstifte, 1 TL Honig, 4 EL Sahne

Die Eier trennen. Die Banane schälen und pürieren. Die Äpfel schälen, vom Kerngehäuse befreien und reiben. Die Butter schaumig rühren. Banane, Zucker, Eigelbe, Milch und das mit Backpulver vermischte Mehl einrühren. Äpfel, Rosinen und Mandelstifte unterheben. Honig und Sahne zufügen. Zum Schluss die zu steifem Schnee geschlagenen Eiweiße unterziehen. Den Teig portionsweise im vorgeheizten, gefetteten Waffeleisen goldbraun backen.

Haferflockenwaffeln

Am Nachmittag vorgebacken, sind diese Waffeln am nächsten Tag einen beliebter Schulbrotersatz für meine Kinder. In der Vorweihnachtszeit gebe ich zusätzlich 1/2 Teelöffel Lebkuchengewürz in den Teig dieser „Schulbrotwaffeln“.

125 g blütenzarte Haferflocken, 1/4 l Milch,
3 EL Zucker, 1 Prise Salz, 2 EL weiche Butter,
2 Eier, Fett für das Waffeleisen

Die Haferflocken mit der Milch verrühren, Zucker, Salz, Butter und Eier zufügen und alles zu einem glatten Teig verquirlen. Portionsweise im vorgeheizten, gut gefetteten Waffeleisen goldbraun backen.

Häwernwaffeln (Haferwaffeln)

Das Rezept stammt aus dem Siegerland, wo die Alten diese Haferwaffeln noch aus ihrer Kindheit kennen.

125 g weiche Butter, 2 EL Zucker, 3 Eier,
1/4 l Milch, 1/4 l Karottensaft, 500 g Hafermehl,
1 TL Anis, 1 Prise Salz, Fett für das Waffeleisen,
Zucker und Zimt zum Bestreuen

Butter und Zucker sahnig schlagen, die Eier zugeben und alles unter Zugabe von Milch, Karottensaft und Mehl zu einem recht flüssigen Teig verquirlen. Zuletzt Anis und Salz zufügen. Den Teig portionsweise im vorgeheizten und gut gefetteten Waffeleisen goldbraun backen und mit Zucker und Zimt bestreuen.

Dinkelwaffeln

Bei diesem echten Landfrauenrezept sind Qualität und guter Geschmack gleichermaßen eingebacken.

3 Eier, 50 g Zucker, 1 Päckchen Vanillezucker,
125 g weiche Butter, 125 g Weizenmehl,
125 g Dinkelmehl, 1 TL Backpulver, 1/4 l Milch,
Fett für das Waffeleisen

Die Eier mit Zucker, Vanillezucker und weicher Butter schaumig rühren. Die beiden Mehlsorten mit dem Backpulver mischen und nach und nach unterrühren. Zum Schluss die Milch zugeben. Den Teig portionsweise im vorgeheizten und gefetteten Waffeleisen goldbraun backen.

Vollkorn-Honig-Waffeln

Die Imkerei ist auf dem Land für viele auch heute noch weit mehr als ein Hobby, und dass man mit Honig hervorragend kochen kann, das wusste man bereits im alten Ägypten.

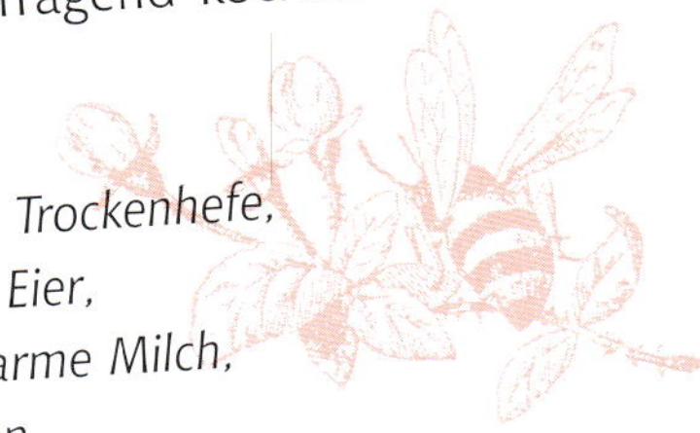

300 g Weizenvollkornmehl, 1/2 Päckchen Trockenhefe,
etwas Meersalz, 125 g Butter, 3 Eier,
4 EL reiner Bienenhonig, 300 ml lauwarme Milch,
Pflanzenöl für das Waffeleisen

Das Mehl in eine Rührschüssel geben, mit Hefe und Salz sorgfältig mischen. Die Butter in einem Topf zerlassen, abkühlen lassen und zum Mehl geben. Eier, Honig und Milch zufügen. Mit dem Handrührgerät zunächst auf niedrigster Stufe alle Zutaten mischen, dann auf höchster Stufe zu einem dünnen, aber nicht zu flüssigen Teig verarbeiten. Abgedeckt an einem warmen Ort etwa 30 Minuten gehen lassen, bis er sich sichtbar vergrößert hat. Das Waffeleisen vorheizen und einfetten. Den Teig in nicht zu großer Menge in das Waffeleisen füllen. Jede Waffel etwa 5 Minuten backen.

Dazu schmecken heiße Süßkirschen und mit Vanillezucker gesüßte Schlagsahne.

Vollkornwaffeln mit Ahornsirup

Wenn an einem Sonntagmorgen der Duft von frisch gebackenen Waffeln durchs Haus zieht, erscheinen sogar die Kinder – magisch angezogen – zum Frühstück. Dann gibt's drei Stunden „Waffeln satt", mit reichlich Ahornsirup. Die Herstellung dieses Sirups, der aus der kanadischen Küche nicht wegzudenken ist, ist ein Geheimnis. Man unterscheidet drei Sorten: „Light Amber" (heller Bernstein) hat eine helle Farbe und milden Ahorngeschmack. Der dunkle „Dark Amber" (dunkler Bernstein) schmeckt intensiver und leicht nach Karamell. „Medium Amber" liegt in Geschmack und Farbe zwischen diesen beiden.

2 Eier, 250 g Weizenvollkornmehl,
1/2 Päckchen Weinsteinbackpulver (oder normales),
40–60 g zerlassene Butter, knapp 1/2 l Milch,
1/2 TL Salz, Fett für das Waffeleisen,
Ahornsirup nach Belieben

Die Eier trennen. Mehl und Backpulver mischen, mit Butter, Eigelben, Milch und Salz zu einem glatten Teig verrühren. Zum Schluss die steif geschlagenen Eiweiße unterheben. Das Waffeleisen vorheizen, fetten und den Teig darin portionsweise zu knusprig braunen Waffeln backen. Dazu reicht man Ahornsirup – aber satt!

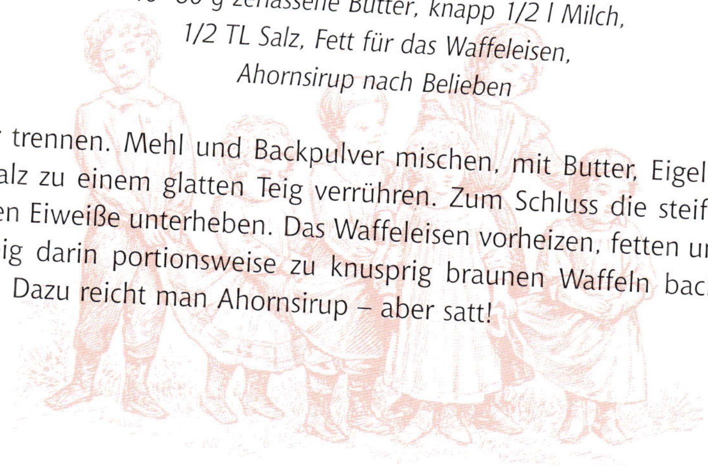

Kartoffelwaffeln
à la Beate

Beate hat Hände aus Gold, eine Kristallkugel und ein Indianerzelt im Garten, in dem sie zu saunieren pflegt.

3 Eier, 30 g weiche Butter, 3 EL Zucker,
1/4 Päckchen Backpulver, 320 g Mehl,
200 g gekochte, geriebene Kartoffeln,
gut 1/2 l Milch, 40 g Fett für das Waffeleisen,
Zucker und Zimt zum Bestreuen oder
Puderzucker zum Bestäuben

Die Eier trennen. Butter und Zucker schaumig schlagen, die Eigelbe unterrühren. Abwechselnd nach und nach das mit Backpulver gemischte Mehl, Kartoffeln und Milch einarbeiten. Zum Schluss die zu steifem Schnee geschlagenen Eiweiße unterheben. Den Teig portionsweise im vorgeheizten, gut gefetteten Waffeleisen goldbraun backen. Die Waffeln mit Zucker und Zimt bestreuen oder mit Puderzucker bestäuben.

Sejjerlänner Riewewaffeln
(Siegerländer Reibewaffeln)

Ein Rezept von meiner wohl ältesten Freundin Gertrud aus Wilnsdorf im Siegerland, mit der ich einst gemeinsam die Schulbank drückte. Noch heute pflegen wir intensiven Kontakt – nicht nur um Rezepte auszutauschen.

650 g Kartoffeln, 8 Eier,
500 g weiche Butter, 390 g Zucker, 150 g Mehl,
Fett für das Waffeleisen

Die Kartoffeln schälen, waschen und fein reiben. Die Eier trennen. Butter und Zucker schaumig schlagen. Die Eigelbe und die Kartoffelmasse zugeben. Das Mehl nach und nach unterrühren. Zum Schluss die zu steifem Schnee geschlagenen Eiweiße unterheben. Die Schüssel mit dem Teig in einen Topf mit heißem Wasser stellen, damit er nicht zu fest wird. Im vorgeheizten und gefetteten Waffeleisen portionsweise zu goldgelben Waffeln backen.

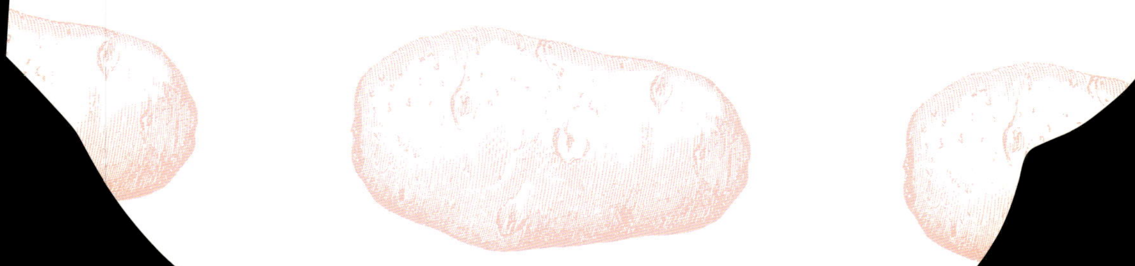

Reiswaffeln

Das Rezept brachte meine Freundin Hansi von einer Reise nach Osteuropa mit, wo sie es von einer alten Zigeunerin geschenkt bekam. Zurück blieb dafür eine der entzückenden Puppen, die unter Hansis begnadeten Händen entstehen.

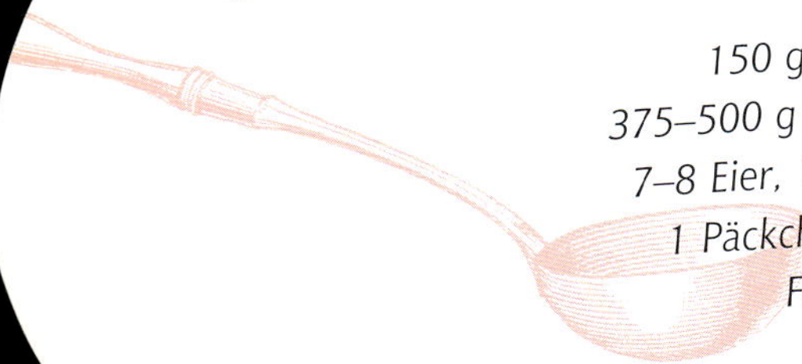

150 g Milchreis, 600 ml Milch,
375–500 g Mehl, 1 Päckchen Trockenhefe,
7–8 Eier, 125 ml Öl, 100–150 g Zucker,
1 Päckchen Vanillezucker, etwas Salz,
Fett für das Waffeleisen

Den Reis in der Milch weich kochen, auf Handwärme abkühlen lassen. Das Mehl in eine Schüssel geben und mit Hefe, Eiern, Öl, Zucker, Vanillezucker und Salz zu einem geschmeidigen Teig verarbeiten. Zugedeckt an einem warmen Ort 20 Minuten gehen lassen. Den Milchreis unterheben. Den Teig portionsweise im vorgeheizten, gefetteten Waffeleisen goldbraun backen.

Lilos Kastanienwaffeln

Esskastanien (Maronen), bei uns in der Pfalz „Käschde“ genannt, sind für den Speiseplan der Pfälzer fast noch wichtiger als die heißgeliebte „Grumbeer“ (Kartoffel) – doch ein Kastanienwaffelrezept war nicht aufzutreiben. Meine Freundin Wiltrud kreierte nach langen Versuchen eine Kastanienwaffel, die sie der berühmten Liselotte von der Pfalz und meiner bescheidenen Person widmete.

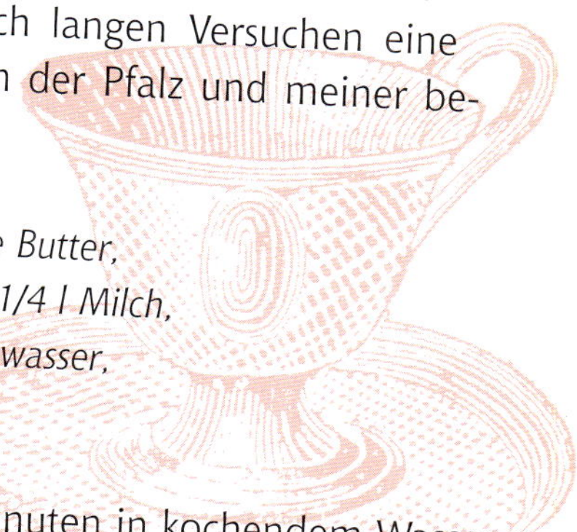

4 Eier, 500 g Maronen, 150 g weiche Butter,
150 g Zucker, 1 Päckchen Vanillezucker, 1/4 l Milch,
100 g Mehl, 1 Prise Zimt, 2 EL Kirschwasser,
Fett für das Waffeleisen

Die Eier trennen. Die Kastanien schälen und etwa 10 Minuten in kochendem Wasser blanchieren. In noch heißem Zustand von der dünnen Innenhaut befreien und pürieren. Die Kastanienmasse erkalten lassen und mit Butter, Zucker, Vanillezucker und den Eigelben schaumig rühren. Milch dazugeben. Das Mehl einarbeiten. Mit Zimt und Kirschwasser abschmecken. Zum Schluss die zu steifem Schnee geschlagenen Eiweiße unterziehen. Den Teig portionsweise im vorgeheizten und gefetteten Waffeleisen knusprig ausbacken.

Maronenwaffeln mit Schwarzbock

Kreiert hat dieses Rezept der vielfach ausgezeichnete Küchenchef Wolfgang Ahrens für liebe Gäste.

3 Eier, 1 Prise Salz, 50 g Zucker,
1 EL Vanillezucker, 35 g Mehl, 100 g Speisestärke,
1 Päckchen Backpulver, 200 ml Sahne,
250 ml Milch, 1/4 l Schwarzbockbier
(z. B. Park Schwarzbock), 250 g glasierte Maronen,
fein gehackt, Fett für das Waffeleisen

Die Eier mit Salz, Zucker und Vanillezucker schaumig schlagen. Mehl, Speisestärke und Backpulver mischen, unter die Eiermasse rühren. Nach und nach Sahne, Milch, Bockbier und Maronen untermischen. Den Teig im vorgeheizten und gefetteten Waffeleisen portionsweise goldgelb backen.

Österliche Waffelhäschen

Diese Waffelhäschen sind zwar in der Herstellung sehr aufwendig, durften aber als entzückende Bereicherung für

die österliche Kaffeetafel
der Rezeptsammlung nicht fernbleiben.

Für den Teig:
300 g Mehl, 75 g Zucker, 1 Prise Salz,
1 Päckchen Vanillezucker, 4 Eigelb, 150 g weiche Butter

Für die Füllung:
400 g Nussnougatcreme, 2 EL Zitronensaft

Außerdem:
Mehl zum Ausrollen, 1 Hasenausstechform von ca. 9 cm Durchmesser,
Fett für das Waffeleisen, Puderzucker zum Bestäuben,
Liebesperlen zum Verzieren

Für den Teig einen Teil des Mehls mit Zucker, Salz und Vanillezucker mischen und mit den Eigelben glatt rühren. Zusammen mit dem restlichen Mehl und der Butter zu einem Mürbeteig verarbeiten. Zur Kugel formen, in Folie wickeln und ca. 1 Stunde im Kühlschrank ruhen lassen. Den Teig auf bemehlter Arbeitsfläche 3 Millimeter dick ausrollen und Hasen ausstechen. Im vorgeheizten, gefetteten Waffeleisen auf mittlerer Stufe goldgelb backen, herausnehmen und abkühlen lassen. Für die Füllung die Nussnougatcreme mit Zitronensaft verrühren, jeweils einen Hasen damit bestreichen und einen zweiten darauf setzen. Mit Puderzucker bestäuben. Zum Verzieren kleine Liebesperlen mit Hilfe von Nussnougatcreme darauf setzen.

Brownies aus dem Waffeleisen

Die Pfarrersfrau Casilda, die ich um ihr Waffelrezept für meine Sammlung bat, wusste nur Brownies zu backen – das aber in Perfektion. Tagelang bastelten wir an ihrem Lieblingsrezept herum, bis wir die Konsistenz des Teiges so verändert hatten, dass sich unser Waffeleisen damit einverstanden erklärte.

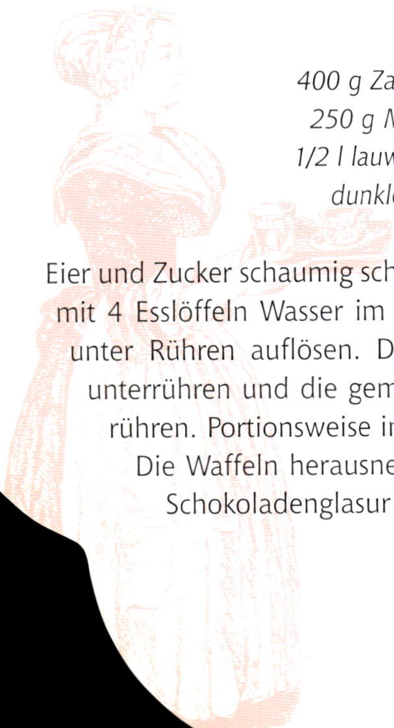

4 Eier, 360 g Rohrzucker,
400 g Zartbitterschokolade, 90 g weiche Butter,
250 g Mehl, 160 g gemahlene Walnusskerne,
1/2 l lauwarmes Wasser, Fett für das Waffeleisen,
dunkle Schokoladenglasur (Fertigprodukt)

Eier und Zucker schaumig schlagen. Die Schokolade in Stücke brechen und zusammen mit 4 Esslöffeln Wasser im Wasserbad schmelzen lassen. Die Butter zugeben und unter Rühren auflösen. Die Schokoladenmasse zur Eicreme geben, das Mehl unterrühren und die gemahlenen Nüsse unterheben. Das Wasser in den Teig rühren. Portionsweise im vorgeheizten und gefetteten Waffeleisen backen. Die Waffeln herausnehmen, in Herzen teilen und mit der erwärmten Schokoladenglasur überziehen.

Zimtwaffeln à la Wiltrud

Diese Waffeln, die in einem speziellen Zimtwaffeleisen gebacken werden müssen (s. Seite 6), gehören zur Pfälzer Küche wie der Saumagen – besonders in der Vorweihnachtszeit. Die Rezepte werden in den einzelnen Familien von Generation zu Generation weitergegeben. Das folgende stammt, wie meine Freundin Wiltrud, aus einer der ältesten Familien meiner Heimatgemeinde.

500 g weiche Butter, 500 g Zucker, 6 Eier,
1 kg Mehl, 3–4 TL Zimt, Mehl zum Ausrollen,
Fett für das Waffeleisen

Butter und Zucker schaumig schlagen. Nach und nach die Eier unterrühren, Mehl und Zimt einarbeiten. Den Teig zugedeckt mindestens 1 Stunde kalt stellen. Danach auf bemehlter Arbeitsfläche 3 Millimeter dick aurollen und Teigstücke in der Größe des Waffeleisens ausschneiden. Diese im vorgeheizten und gefetteten Eisen goldbraun backen.

Pikante oder herzhafte Waffeln

Kräuterhexchens Frühlings-
waffeln

Zu diesen herzhaften Waffeln zum Frühlingsanfang mit Gänseblümchen und Brennnesselblättern passt ein Glas trockener Weißherbst.

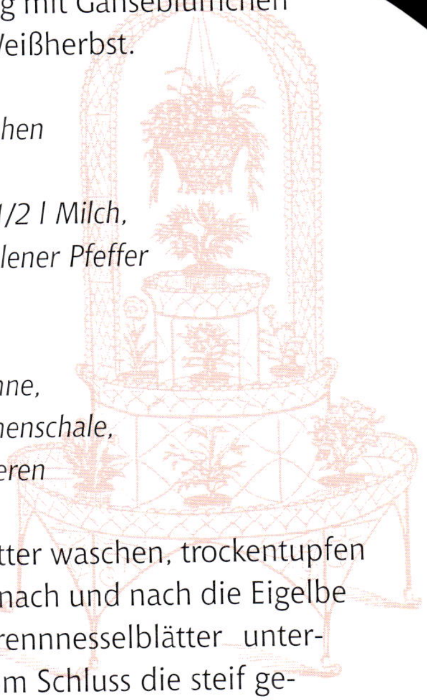

6 Eier, je 1 Hand voll Gänseblümchen
und junge Brennnesselblätter,
125 g weiche Butter, Salz, 120 g Mehl, 1/2 l Milch,
frisch geriebene Muskatnuss, frisch gemahlener Pfeffer

Außerdem:
Fett für das Waffeleisen, 1/4 l Sahne,
etwas abgeriebene unbehandelte Zitronenschale,
einige Gänseblümchen zum Verzieren

Die Eier trennen. Gänseblümchen und Brennnesselblätter waschen, trockentupfen und fein hacken. Butter mit Salz schaumig schlagen, nach und nach die Eigelbe zugeben. Mehl, Milch, Gänseblümchen und Brennnesselblätter unterrühren. Mit Salz, Muskat und Pfeffer würzen. Zum Schluss die steif geschlagenen Eiweiße unterheben. Das Waffeleisen erhitzen, fetten und den Teig darin portionsweise goldbraun backen. Die Sahne mit Zitronenschale steif schlagen und zu den Waffeln servieren. Mit Gänseblümchen verzieren.

Kräuterwaffeln

Dieses Rezept stammt von der einzigen Waffelprinzessin der Welt, die in der Pfalz zu Hause ist. Waffeln inspirieren eben nicht nur Bäcker und Köche, sie regen auch die Fantasie an. Besonders die der Märchenerzähler, Lyriker und Künstler.

150 g weiche Butter, 4 Eier, 100 g Mehl,
100 g Speisestärke, 1/2 TL Backpulver, 3 EL gehackte
frische Kräuter (z. B. Petersilie, Schnittlauch, Bärlauch,
Wiesenschaumkraut, Sternmiere), 1 TL Salz,
frisch gemahlener Pfeffer, frisch geriebene Muskatnuss,
Fett für das Waffeleisen

Butter und Eier schaumig schlagen. Mehl, Speisestärke und Backpulver mischen und unterrühren. Kräuter zum Teig geben, mit Salz, Pfeffer und Muskat würzen und alles gut verrühren. Das Waffeleisen erhitzen, fetten und den Teig darin portionsweise goldbraun backen.

Kräuterwaffeln aus Grünkernmehl

Grünkernmehl wird aus dem vor der Reife geernteten Korn des Dinkelweizens hergestellt. Dinkel wird vor allem in Süddeutschland, der Schweiz und Tirol angebaut. Außer als Suppengrundlage wird es gelegentlich in Verbindung mit anderen Mehlen zum Brotbacken verwendet. In diesem Rezept kommt Grünkernmehl zu völlig neuen Ehren.

5 EL flüssige Butter, 2 Eigelb, 1 Msp. Meersalz,
1/2 TL getrockneter Majoran, 1 kleine Zwiebel, 50 ml Sahne,
ca. 100 ml Mineralwasser mit Kohlensäure,
1 Msp. Weinsteinbackpulver, 100 g Grünkernmehl,
Fett für das Waffeleisen

Die Butter mit den Eigelben verquirlen, dann Salz und Majoran unterrühren. Die Zwiebel schälen und fein reiben, dann unter die Eigelbmasse rühren. Nacheinander die Sahne und das Mineralwasser unterschlagen und unter weiterem Rühren das mit dem Backpulver vermischte Grünkernmehl hinzugeben. Den Teig 5 Minuten quellen lassen. Inzwischen das Waffeleisen vorheizen. Wenn der Teig zu fest ist, noch etwas Mineralwasser unterrühren, bis er dickflüssig wird. Im gefetteten Waffeleisen aus dem Teig portionsweise knusprige Waffeln backen. Sie können heiß und kalt serviert werden.

Spinatwaffeln mit Knoblauchcreme

Warm serviert stellen die Spinatwaffeln ein hervorragendes Mittagessen für Kinder dar – dann reicht eine kleine Knoblauchzehe zum Würzen der Knoblauchcreme. Aber auch kalt schmecken diese Waffeln sehr gut, dann werden sie vor dem Servieren in Herzchen zerteilt. In diesem Fall darf die als Dip dazu gereichte Knoblauchcreme ruhig ein paar Zehen mehr haben.

Für den Teig:
450 g Blattspinat (TK), 250 g weiche Butter, 6 Eier, 500 g Mehl, Salz, frisch gemahlener Pfeffer

Für die Knoblauchcreme:
500 g Sahnequark, 1/8 l Sahne, Knoblauchzehen nach Belieben, Salz, frisch gemahlener Pfeffer

Außerdem:
Fett für das Waffeleisen

Für den Teig den Spinat auftauen und klein hacken. Die Butter schaumig rühren, die Eier dazugeben. Das Mehl nach und nach unterrühren. Den Spinat zum Teig geben, alles gut mischen und mit Salz und Pfeffer abschmecken.

Für die Knoblauchcreme Quark und Sahne verrühren. Die Knoblauchzehen schälen und durchgepresst zum Sahnequark geben. Mit Salz und Pfeffer abschmecken. Die Creme mit dem Mixer schaumig aufschlagen.

Das Waffeleisen vorheizen, fetten und den Teig darin portionsweise zu knusprigen Waffeln backen. Die Knoblauchcreme dazu servieren.

Sengnesselwaffeln (Brennnesselwaffeln)

150 g weiche Butter, 4 Eier, 1/2 TL Salz,
250 g Mehl (evtl. Dinkelmehl),
1/4 l Milch oder Mineralwasser,
300 g frisch gepflückte Brennnesselspitzen,
70 g magerer durchwachsener Speck,
frisch gemahlener Pfeffer, frisch geriebene Muskatnuss,
evtl. etwas Sahne, Fett für das Waffeleisen

Butter schaumig rühren, Eier und Salz hinzugeben. Das Mehl nach und nach unterrühren, ebenso Milch oder Mineralwasser. Die Brennnesseln verlesen, waschen und in einem Topf mit etwas Wasser blanchieren. Danach abtropfen und abkühlen lassen, fein hacken und mit dem fein gewürfelten Speck zum Teig geben, 30 Minuten ruhen lassen. Anschließend mit Pfeffer und Muskat abschmecken und eventuell mit etwas Sahne verdünnen. Portionsweise im vorgeheizten, gefetteten Waffeleisen backen.

Dazu schmeckt Petersilienjoghurt. Dafür Joghurt mit fein gehackter Petersilie, durchgepresstem Knoblauch, Salz, Pfeffer und Zitronensaft abschmecken.

Zwiebelwaffeln

„Zwiebeln zwiebeln“ oder „Wer Zwiebeln liebt, muss weinen“ gilt nicht bei diesem Rezept, für das fertige Röstzwiebeln verwendet werden. Wenn Sie sie selbst herstellen wollen und die Tränen nicht scheuen, hacken Sie eine mittelgroße Zwiebel und bräunen sie in Walnussöl.

5 EL zerlassene Butter, 5 Eier, 300 g Mehl,
1 TL Backpulver, 100 g Röstzwiebeln (Fertigprodukt), Salz,
frisch gemahlener Pfeffer, Kümmel, Fett für das Waffeleisen

Butter und Eier schaumig schlagen. Mehl mit Backpulver mischen und unterrühren. Röstzwiebeln zum Teig geben, mit Salz, Pfeffer und Kümmel würzen und alles gut verrühren. Das Waffeleisen erhitzen, fetten und den Teig portionsweise goldbraun backen.

Diese Waffeln werden mit Kräuterbutter und Schwarzbrot (Pumpernickel) serviert. Sie passen auch gut als Beilage zur Suppe (z.B. Tomatensuppe).

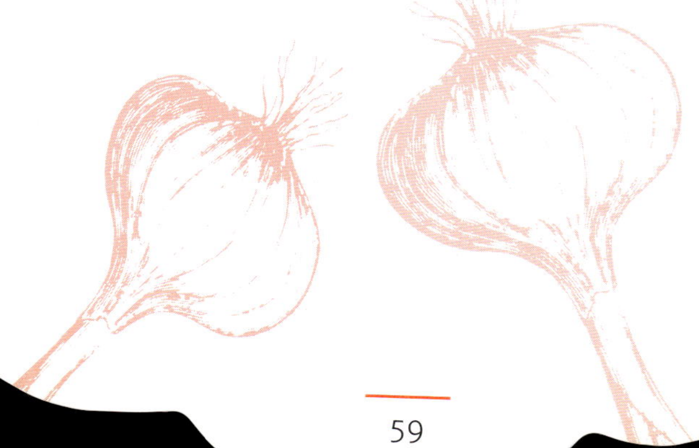

Herzogliche Kartoffelwaffeln

Das Rezept für diese kleine Köstlichkeit stammt von Frau Christiane Herzog, der einstigen Ersten Dame der Bundesrepublik Deutschland, die es sich nicht nehmen ließ, auf meine Anfrage handschriftlich zu antworten.

1,5 kg Kartoffeln, 2 Eier, 2 EL Grieß,
knapp 3/8 l saure Sahne, 1 TL Salz,
Fett für das Waffeleisen

Kartoffeln schälen, waschen und rasch reiben. Die Kartoffelmasse auf einem Sieb etwas abtropfen lassen, die Flüssigkeit auffangen und die abgesetzte Stärke wieder zu der Masse geben. Eier, Grieß, saure Sahne und Salz zugeben und alles zu einer glatten Masse verrühren. Im vorgeheizten, gefetteten Waffeleisen portionsweise backen.

- Zu den Waffeln schmeckt Salat oder – je nach Geschmack – eine herzhafte Fleischsauce oder ein Kompott.

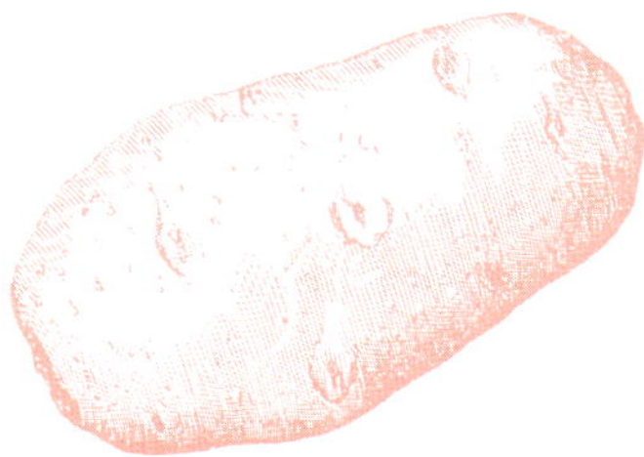

Kartoffel-Lauch-Waffeln

Hannelore Kohl nahm sich selbst für die kleinsten Sorgen der Menschen Zeit und schickte auf meine Bitte hin postwendend ein Rezept für das Waffelbüchlein. Und wir konnten uns an der Empfehlung der damaligen Kanzlergattin nicht satt essen.

2,5 kg Kartoffeln, 2 Stangen Lauch,
5 Eier, 5–6 EL Mehl, Salz,
frisch gemahlener Pfeffer, 15 g frische Hefe,
etwas lauwarmes Wasser, Fett für das Waffeleisen

Die Kartoffeln schälen, waschen, reiben und in einem Tuch auspressen. Die Lauchstangen putzen und in feine Streifen schneiden. Zusammen mit den Eiern und dem Mehl unter die Kartoffeln mischen, mit Salz und Pfeffer würzen. Die Hefe mit dem lauwarmen Wasser anrühren und untermengen. Das Waffeleisen erhitzen, fetten und den Teig darin portionsweise goldbraun backen.

Grumbeerewaffeln (Kartoffelwaffeln)

„Unsere Leute schneiden sie in Scheiben und gießen eine fette Sauce darüber und essen sie, sich zu erregen. In Wein gekocht sind sie besonders gut und hilfreich für all jene, welche den Zenit ihrer Jahre überschritten haben", schrieb der Arzt Caspar Bauhin im Jahre 1619 über die Kartoffel.

1,5 kg Kartoffeln (mehlig kochend),
1 Zwiebel, 200 g Lauch, magerer durchwachsener
Speck nach Belieben, 1 EL Salz,
3–4 Eier, je 1 Hand voll Haferflocken und Mehl,
Fett für das Waffeleisen

Kartoffeln schälen, waschen, reiben, in einem feinen Sieb abtropfen lassen und die Flüssigkeit auffangen. Zwiebel schälen, Lauch putzen, beides fein hacken. Speck – wenn gewünscht – in kleine Würfel schneiden. Salz und Eier in die abgetropfte Kartoffelmasse rühren, Zwiebel, Lauch und Speck zufügen, zum Schluss Haferflocken und Mehl unterheben. Die Stärke, die sich inzwischen im Kartoffelabtropfwasser abgesetzt hat, ebenfalls zugeben. Falls der Teig noch zu dünnflüssig ist, weitere Haferflocken und Mehl hinzufügen. Vorsicht: Die Masse darf auch nicht zu zäh sein! Den Teig im vorgeheizten, gefetteten Waffeleisen portionsweise goldbraun backen.

Grumbeere-Waffeln schmecken warm gut zu einer cremigen Suppe oder zu einem frischen Salat.

Käsewaffeln

Ausgekühlt und in Herzchen geteilt, stellen diese Waffeln eine hervorragende Knabberei zu Wein oder Bier dar. Wer mag, kann den geriebenen Hartkäse durch Schafs- oder Ziegenkäse ersetzen. Als Beilage eignen sich eingelegte Oliven, Peperoni oder ein pikanter Krautsalat.

150 g weiche Butter, 4 Eier, 100 g Mehl, 100 g Speisestärke,
1/2 TL Backpulver, 150–200 ml lauwarmes Wasser
8 EL geriebener Käse (z.B. Emmentaler, Gouda, Edamer),
1 TL Salz, Paprikapulver,
Fett für das Waffeleisen

Butter und Eier schaumig schlagen. Mehl, Speisestärke und Backpulver mischen und unterrühren. Wasser zufügen, bis der Teig leicht flüssig ist. Käse, Salz und Paprika zugeben, alles gut verrühren. Das Waffeleisen erhitzen, fetten und den Teig portionsweise goldbraun backen.

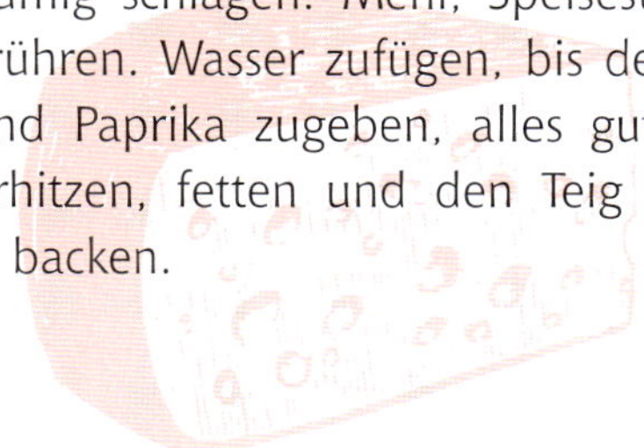

Walnuss-Käse-Waffeln

2 Eier, 1/4 l Milch,
100 g saure Sahne,
200 g Mehl, 1 TL Backpulver,
100 g gemahlene Walnusskerne,
100 g geriebener Käse,
2 TL getrockneter Thymian,
frisch gemahlener Pfeffer, frisch geriebene Muskatnuss,
Fett für das Waffeleisen

Die Eier mit Milch und saurer Sahne verquirlen. Mehl mit Backpulver mischen und unterrühren. Gemahlene Walnusskerne, Käse und Thymian zugeben. Mit Pfeffer und Muskat würzen. Das Waffeleisen erhitzen, fetten und den Teig darin portionsweise goldbraun backen.

- Als Beilage zu den Walnuss-Käse-Waffeln passen alle Arten von Wintersalaten, z.B. Lauchsalat.

Schusterwaffeln (mit Käse)

Aus der Schuhstadt Pirmasens stammt dieses Rezept, das Lust auf mehr macht. Die Schusterwaffeln schmecken hervorragend zu einem guten Glas Wein.

250 g blütenzarte Haferflocken,
250 g Schmelzflocken,
1/2 l Milch, 10 gehäufte EL geriebener Käse,
1 Prise Ingwerpulver, 1 Prise Kümmel,
200 g weiche Butter, 6 Eier, Salz

Beide Sorten Haferflocken mit Milch übergießen. Reibekäse, Ingwerpulver und Kümmel zugeben. Die Butter mit den Eiern und dem Salz schaumig rühren, zur Haferflockenmischung geben und unterrühren. Das Waffeleisen erhitzen, fetten und den Teig darin portionsweise goldbraun backen.

Korianderwaffeln mit Käsecreme

Ein Rezept wie aus 1001 Nacht – kein Wunder, es stammt von der Märchenerzählerin Hella Algner, die auch viele kleine zauberhafte Geschichten rund um die Waffel zu erzählen weiß.

Für den Teig:
110 g weiche Butter, 250 g Magerquark,
4 EL saure Sahne, 1 1/2 TL Kräutersalz,
2 gestr. TL Hefeflocken, 250 g Mehl,
1 TL Kümmel, 1 TL Koriander

Für die Käsecreme:
200 g Doppelrahm-Frischkäse, 1 Eigelb, 3 EL Sahne,
gehackte frische Kräuter nach Belieben
(z. B. Schnittlauch, Zitronenmelisse, Petersilie),
Salz, frisch gemahlener Pfeffer

Außerdem:
Mehl zum Ausrollen,
Fett für das Waffeleisen

Am Vortag die Butter und den Quark verrühren. Die Saure Sahne mit Salz und Hefeflocken zugeben. Nach und nach das Mehl unterrühren. Kümmel und Koriander zufügen. Den Teig zugedeckt über Nacht im Kühlschrank ruhen lassen.

Am nächsten Tag für die Käsecreme den Frischkäse mit Eigelb und Sahne verrühren und die gehackten Kräuter untermischen. Mit Salz und Pfeffer würzen.

Den Teig auf bemehlter Arbeitsfläche ca. 2 Millimeter dick ausrollen und mit einem spitzen Messer Teigstücke, etwas kleiner als das Waffeleisen, ausschneiden. Die Teigstücke im vorgeheizten, gefetteten Waffeleisen goldgelb backen. Auf einem Kuchengitter auskühlen lassen. Die Waffeln in Herzchen zerteilen und mit Hilfe eines Spritzbeutels auf jedes Herz eine Käsecreme-Rosette spritzen.

Vollkornwaffeln mit Käse

Vollkornspezialisten sagen, dass viele Zivilisationskrankheiten auf den permanenten Mangel an Vitalstoffen, die in frisch gemahlenem Korn enthalten sind, zurückzuführen seien. Dieses Rezept kann da schon ein wenig Abhilfe schaffen.

100 g Weizenvollkornmehl, 100 g Roggenvollkornmehl,
1 TL Backpulver, 2 Eier, 1/4 l Milch, 50 g geriebener Käse,
1/2 TL Salz, frisch gemahlener Pfeffer, 1/2 TL gemahlener
Kümmel, 4 Tropfen Tabascosauce,
Fett für das Waffeleisen

Die Mehlsorten mit Backpulver mischen. Nach und nach Eier, Milch und Käse unterrühren. Mit Salz, Pfeffer, Kümmel und Tabascosauce würzen. Den Teig vor dem Backen etwa 20 Minuten ruhen lassen, damit das Vollkornmehl quellen kann. Das Waffeleisen erhitzen, fetten und portionsweise goldbraune Waffeln backen.

Zu den Vollkornwaffeln empfiehlt sich als Beilage ein pikanter Kräuterquark oder Kräuterschmand (s. Seite 69).

Wein-Schinken-Waffeln mit Kräuterschmand

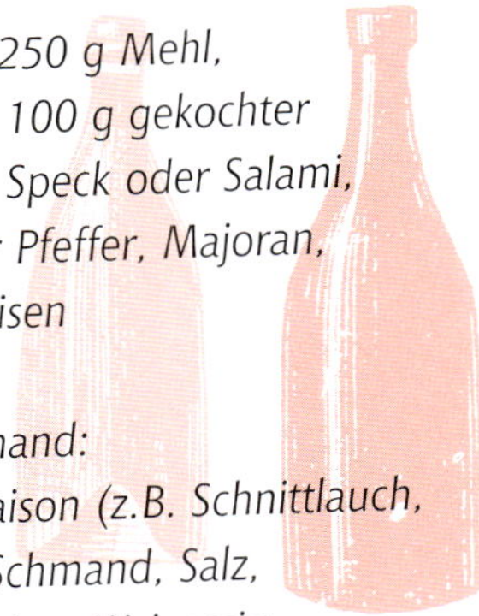

Für den Teig:
125 g weiche Butter, 4 Eier, 250 g Mehl,
1 TL Backpulver, 1/8 l Weißwein, 100 g gekochter Schinken, magerer durchwachsener Speck oder Salami,
1 Zwiebel, Salz, frisch gemahlener Pfeffer, Majoran,
Fett für das Waffeleisen

Für den Kräuterschmand:
1–2 EL gehackte frische Kräuter der Saison (z.B. Schnittlauch, Petersilie, Basilikum), 200 g Schmand, Salz,
frisch gemahlener Pfeffer, Zucker, Weinessig

Für den Teig Butter und Eier schaumig schlagen. Mehl mit Backpulver mischen und mit dem Weißwein unterrühren. Gekochten Schinken, Speck oder Salami würfeln. Die Zwiebel schälen und ebenfalls würfeln, beides untermischen. Den Teig mit Salz, Pfeffer und Majoran würzen.

Für den Kräuterschmand die gehackten Kräuter mit Schmand verrühren und mit Salz, Pfeffer, Zucker und Weinessig abschmecken.

Das Waffeleisen erhitzen, fetten und aus dem Teig portionsweise goldbraune Waffeln backen. Den Kräuterschmand dazu servieren.

St. Michaels Speckwaffeln

Speckwaffeln sind zum einen ein herzhaftes Mittagessen, zum anderen ersetzen sie auf einer zwanglosen Party jedes kalte Buffet. Als Beilage zu den köstlichen Waffeln passt Endiviensalat nach Elsässer Art, der mit gebratenen Speckwürfeln bestreut wird.

Für den Teig:
100 g weiche Butter, 3 Eier, 1/2 TL Salz,
75 g Mehl, 75 g Speisestärke, 1/2 TL Backpulver,
5 EL geriebener Gruyère oder Emmentaler,
je 1 Prise Paprika und frisch gemahlener Pfeffer

Für die Füllung:
150 g magerer durchwachsener Speck,
1 Zwiebel, 2 Knoblauchzehen

Außerdem:
Fett für das Waffeleisen

Für den Teig die Butter schaumig rühren. Nach und nach die Eier und das Salz zugeben. Mehl, Speisestärke und Backpulver mischen und unterrühren. Den geriebenen Käse zugeben und den Teig mit Paprika und Pfeffer würzen.

Für die Füllung den Speck fein würfeln. Zwiebel und Knoblauchzehen schälen und fein hacken. Die Zutaten vermischen. Das Waffeleisen erhitzen und einfetten. Etwas Teig einfüllen, 1–2 Esslöffel Füllung darauf verteilen und noch etwas Teig darübergeben. Die Waffeln goldgelb backen und heiß genießen.

Pizzawaffeln à la Karin

„Das Rezept ist von ‚meiner Regierung', und die Pizzawaffel mundet mir vorzüglich", schrieb der frühere Regierungspräsident von Rheinland-Pfalz, Rainer Rund, der dieses Rezept der Sammlung beisteuerte.

125 g weiche Butter, 4 Eier, 150 g Mehl,
1/2 TL Backpulver, 1/8 l lauwarmes Wasser, 2 Äpfel,
100 g gekochter Schinken, in feine Streifen geschnitten,
50 g gemahlene Wal- oder Haselnusskerne,
1 EL Tomatenmark, 1–2 EL Pizzagewürz, Salz,
frisch gemahlener Pfeffer, Fett für das Waffeleisen

Die Butter sahnig rühren, nacheinander die Eier hinzufügen. Dann abwechselnd das mit Backpulver gemischte Mehl und das lauwarme Wasser unterrühren. Die Äpfel schälen, vom Kerngehäuse befreien und fein würfeln. Schinken, Äpfel und Nüsse zum Teig geben und mit Tomatenmark, Pizzagewürz, Salz und Pfeffer würzen. Das Waffeleisen erhitzen, fetten und den Teig portionsweise goldbraun backen.

Pizzawaffeln kann man beliebig variieren, z.B. mit gehackten Champignons oder geriebenem Käse zusätzlich oder anstelle anderer Zutaten.

Shirins Pizzawaffeln

Nichts konnte Pizza von Platz eins auf der Beliebtheitsskala aller in Frage kommenden Speisen meiner Kinder vertreiben, bis ich meine kleine Tochter in einen herkömmlichen Waffelteig ohne Zucker alles hineinschnippeln ließ, was ich normalerweise auf die Pizza lege. Das Experiment gelang – die Waffeln, serviert mit frischem Salat, verdrängten die Pizza und sparten jede Menge Zeit.

100 g Champignons, 2 Tomaten, 1 kleine Zwiebel,
2 Scheiben gekochter Schinken, 4 Eier, 125 g weiche Butter,
1/4 l Milch, 250 g Mehl, 125 g geriebener Edamer,
1 Messerspitze Salz, Majoran, Oregano, Basilikum,
Fett für das Waffeleisen

Champignons putzen und fein hacken. Tomaten mit kochendem Wasser überbrühen, häuten, vom Stielansatz befreien und fein würfeln. Zwiebel schälen und hacken, den Schinken fein würfeln. Die Eier trennen. Butter und Eigelbe schaumig rühren. Abwechselnd Milch und Mehl zugeben. Nach und nach Champignons, Tomaten, Zwiebel, Schinken und Käse hinzugeben. Mit Salz, Oregano, Majoran und Basilikum würzen. Die zu steifem Schnee geschlagenen Eiweiße unterheben. Das Waffeleisen erhitzen, fetten und den Teig darin portionsweise goldbraun backen.

Pizzawaffeln à la Weihbischof

Dass ein Weihbischof kein Kostverächter sein muss, beweist dieses bemerkenswerte Rezept von einem solchen aus der Domstadt Speyer. Er empfiehlt dazu einen frischen Salat und ein Glas trockenen Dornfelder.

1/2 gelbe Paprikaschote, 100 g Champignons,
150 g weiche Butter, 4 Eier, 250 g Mehl, 1 TL Backpulver,
knapp 1/8 l lauwarmes Wasser,
125 g gekochter Schinken oder Salami,
1 Gewürzgurke, 1 Zwiebel, Salz, frisch gemahlener Pfeffer,
Oregano, Paprikapulver, Fett für das Waffeleisen

Die Paprika halbieren, von Stielansatz, Samen sowie Scheidewänden befreien und fein würfeln. Champignons putzen und fein hacken. Die Butter schaumig rühren, nach und nach die Eier zufügen. Abwechselnd mit Backpulver gemischtes Mehl und lauwarmes Wasser unterrühren. Schinken oder Salami, die Gewürzgurke und die geschälte Zwiebel fein würfeln und zum Teig geben. Mit Salz, Pfeffer, Oregano und Paprika würzen. Das Waffeleisen erhitzen, fetten und den Teig darin sofort portionsweise goldbraun backen.

Sie können zusätzlich oder wahlweise z.B. rohen Schinken, Käse, Oliven usw. fein gewürfelt bzw. gerieben in den Teig geben.

Waffeln à la chinoise

Meine Freundin Margot liebt nicht nur Waffeln, sondern auch die chinesische Küche. Diesen besonderen Vorlieben verdanken wir das folgende Rezept.

1 Zwiebel, 1/2 grüne Paprikaschote,
1/2 rote Paprikaschote,
4 kleine Scheiben Ananas (aus der Dose),
1 kleines Glas Bambussprossen, 125 g weiche Butter, 4 Eier,
1/4 l Weißwein oder Wasser, 250 g Mehl,
3 EL Sojasauce, Salz, frisch gemahlener Pfeffer, Paprikapulver,
Fett für das Waffeleisen

Die Zwiebel schälen, die Paprikaschoten halbieren, von Stielansatz, Samen und Scheidewänden befreien. Zwiebel, grüne und rote Paprika, Ananasscheiben sowie Bambussprossen fein hacken. Die Butter schaumig rühren, Eier, Weißwein oder Wasser und Mehl zufügen. Gemüse und Ananas unterheben und mit Sojasauce, Salz, Pfeffer und Paprika würzen. Den Teig im vorgeheizten, gefetteten Waffeleisen portionsweise backen.

Zu diesen Waffeln serviert man Soja-, milde Chili-, Curry- und/oder Remouladensauce als Dips.

Verzeichnis der Rezepte

Süße und fruchtige Waffeln

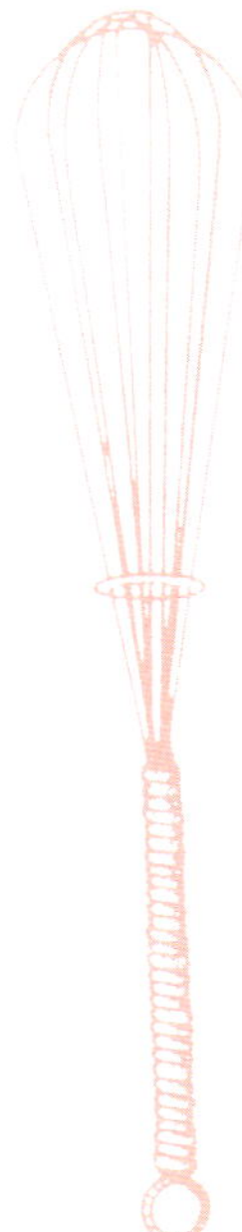

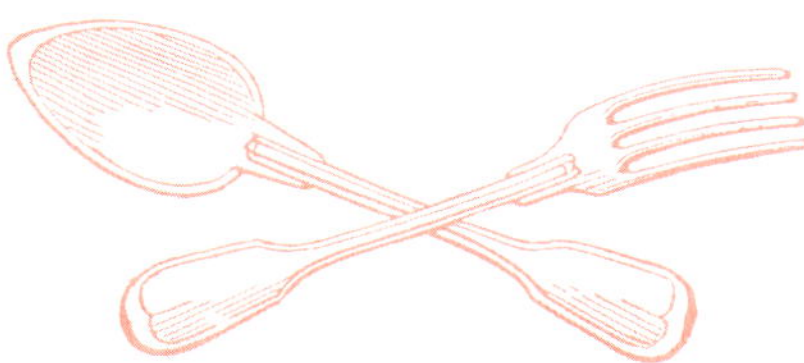

Pikante oder herzhafte Waffeln